JN035592

日本経済に未来はあるか

為替、ＧＤＰ、国債、数字データから日本の縮図を見る

工学博士
赤池正剛

22世紀アート

まえがき

第二次世界大戦後、1オンスの金(Gold)を35ドルとした兌換を可能にする金本位制（プレトン・ウッド体制：1949年〜1971年）の時期があった。この金(Gold)は世界中で通用しますが持ち運びに不便である。そこで、各国の中央銀行が保管している金と同額の紙幣を発行しました。この時期、ドル円は固定相場であり、360円であった。その後1971年の米国のニクソン大統領時代のニクソン・ショックによって、ドル紙幣と金の兌換を停止した。すなわち、プレトン・ウッズ体制の終結を告げた。このニクソン・ショックで、ドル円為替レートは一挙に360円から308円まで円高に振れた。

ニクソン・ショック後、主要国は1973年から変動相場制へ変更した。為替の変動相場制の幕開けである。この変動相場制は、各国の通貨価値を外国為替市場の需要と供給にまかせる制度です。

この為替の変動相場制への移行によって、主要国は金(Gold)を兌換しない独自通貨（紙幣）を独自に任意に発行することが可能になり、現在まで続いている。このため、各国の独自通貨（紙幣）の発行量並びに経済状況の変化により、各国間の為替レートは連日刻々変動することになる。

世界の主要通貨は、USドル（米国ドル）、EUR（ユーロ）、JPY（日本円）、GBP（英国ポンド）、China（元）、CHF（スイス・フラン）等があります。

特に、US ドル（米国ドル）の大きな特徴は、国際間の取引に使われる「国際決済通貨」や、金や原油などの取引に使われる「基軸通貨」として利用されています。また、他の通貨と比べて圧倒的な取引量と、それに伴う情報量の豊富さを誇る世界の中心的な通貨です。

　そこで為替レートの変動、特にドル円の為替変動の要因について、これまでの日本側の公表データを基に定量的に調べた書です。

　小生は経済については全くの素人の門外漢です。
　しかし、理系ならではの視点から様々な問題点を整理し、数字を用いて定量的に詳細に示したつもりの書です。

　ドイツの初代宰相のオットー・ビスマルクの残した格言は、
　"賢者は歴史に学び愚者は経験に学ぶ"である。

2023 年 3 月　　著者　赤池正剛

目　次

1章　ドル円為替の推移（日本の借金残高/GDP の比較から）

　国の発行する通貨の価値は、借金（公債発行で調達したお金）に相当する額だけ薄められて低下する。逆に、GDP 経済成長した時（儲けた時）、通貨の価値は高まる。

　一例として、多額の借金残高の利子と元本を返済のため、さらに借金を重ねる、さながら雪だるま式に借金残高が増えていく家庭をモデルとして考えます。収入が少なく、且つ極めて多額の借金残高を有している家庭は（但し、収入の多い裕福な家庭は、借金した場合においても何の問題もありません。）、多額の利子及び元本返済のために借金を繰り返す生活をしている。このような多額な借金をしている家庭の家計は不安定化し、何れ破綻する。

　しかし一方で、この借金の運用によって、家の改築による利便性の向上・ガス・電気・水道・風呂・洗濯機・冷蔵庫……等々家庭内インフラの整備、及びパソコンの購入・習熟、高度教育機関への進学等へ、それぞれ支出した時、仕事の効率化・収入の多い新規な仕事の創出によって家庭の収入は増加する。しかし、借金残高の金利を返済する債務がある。このような家庭の収入の中で、材料費及び運送費を除いた年間の収入（GDP に相当する儲け）の上昇率が借金の金利よりも小さい時、この家庭の家計は、不安定化して破綻する。

すなわち、借金の金利＞収入の増加率の時、不安定化して何れ破綻する。

　国家においても上記家庭と同様である。国の中央銀行の定める

　政策金利＞GDP 成長率 の時、ドーマー（：Evsey David Domar、米国の経済学者）の法則（：利子率と経済成長率を比較し，利子率が経済成長率よりも 低ければ、財政は破綻せずに安定化に向い，逆に、利子率が経済成長率よりも高ければ、財政破綻へと導かれてしまう。財政の安定性を調べるための重要な条件である）から国家財政は不安定化し、破綻へ導かれる。

　このような身近で素朴な考えを基礎にした場合、通貨（：流通貨幣、日本では日本銀行が発行する紙幣、これらの紙幣は金と兌換出来ない）の価値は借金残高及び GDP（年間の儲け）に大きな影響を受ける。従って、各国間の為替レートは、毎日時々刻々と変動する。

　現在、各国の通貨は自国の中央銀行の管理下で管理通貨制度（通貨の発行量を通貨当局が調節することで、物価の安定・経済成長・雇用の改善・国際収支の安定などを図る）のもとで、変動相場制へ移行している。

　この管理通貨制度での変動相場制の場合、自国で発行した紙幣を自国の通貨として用いている。しかし現在、紙幣は金と交換できない（不兌換紙幣）。ブレトン・ウッドⅠ（1949 年〜1971 年）の時、1 オンス（トロイオンス：31.1g）の金（Gold）を以って 35 米ドルと交換出

来た。この時、唯一米ドル紙幣だけが、金（Gold）と兌換可能であった。この時点で、各国の輸出入の決済の媒体に米ドルが用いられる貿易構造が造られ、現在に至っている。

　直近の 1 オンスの金（Gold）の価格は、2,000 米ドル前後（2023 年 4 月現在）で推移している。

　この変動相場制においては、他国との交易時に通貨価値の変動により輸出入業者間で損失を受ける事態が生ずる。このため、輸出入業者は常に相手国の通貨の価値を確りと把握する必要がある。

　この通貨（紙幣：因みに日本の紙幣の製造原価は、17 円程度（千円札も一万円札も同一））の価値は、その国の国力に大きく依存する。すなわち、国力は人口の増減・労働生産人口の増減・借金残高・GDP・金（Gold）の保有高・資源保有高……等に大きく依存する。

　そこで、上記の概念を取り入れて、世界の主要基軸通貨である米国ドルと円との為替レート、すなわちドル円（以降、ドル円と呼ぶ）の推移を以下の条件で試算したところ、次に示す様になった。

　予め、この推移の試算条件を次の様に設定した。すなわち、

1．日本の借金残高

　借金残高に相当する額の通貨（紙幣）は、公債（ソブリン債）の発行によって増刷され、市場に出回る。このため通貨（紙幣）の価値は希釈される（但し、この通貨増刷時点で国の状態（諸々の経済指標）は変化無し。とする）。このため、通貨（紙幣）の価値は下

がる。

2. 日本の GDP

　GDP は国の年間における、付加価値のある物やサービスの総額（但し、材料費及び運送費を除く）。すなわち、GDP は国家の儲けを示す指標である。この GDP の増加の場合、良い経済状況を示す指標のため国の通貨（紙幣）の価値は上がる。逆に、GDP の減少の場合、国の通貨（紙幣）の価値は下がる。

3. 人口の増減

　人口は、潜在的な国家の GDP 経済成長力示す重要な指標である。すなわち人口の増加は国民に食物を与える経済力を有し、そして国の繁栄を表す。逆に、人口減少は国家の衰退を示す。飢饉の時、及び深刻な国難の時、平均寿命は低下する。

4. 労働生産人口の増減

　労働生産人口と GDP は密接な相関関係にある。労働生産人口の増加と共に GDP は増加する。逆に、労働生産人口の減少と共に GDP は減少する。労働生産人口と GDP は正の一次関数の相関関係にある。

　そこで、日本における直近の過去 10 年間（2013 年〜2022 年）の借金残高及び GDP データ（出典：財務省理財局）から、ドル円の推移を次の様に推測した。

（1）ドル円に大きな影響を及ぼす日本の借金残高及び GDP

　日本の借金残高は図 1-1 に示すように年々増加傾向にある（尚、リーマンショック・政権交代・次期日銀総裁の候補者の氏名・等々の要因で一時的な混乱期を過ぎた 2013 年以降からのデータを示す。）。

　この図 1-1 において、2020 年～2022 年に渡って急激に借金が増加している。2022 年の借金残高は第 2 次補正予算で 1411 兆円（第 2 次補正予算成立：2022 年 12 月 2 日）（出典：財務省「『国債及び借入金並びに政府保証債務現在高』に関する補足説明（令和 4 年 6 月末現在）」）に達する。尚、日本の国の借金は、「国債及び借入金並びに政府保証債務残高（公債）」を指す。

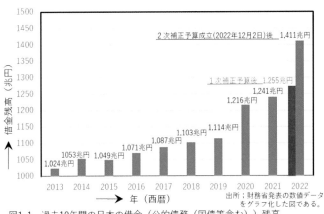

図1-1　過去10年間の日本の借金（公的債務（国債等含む））残高

日本の名目 GDP（財務省ホームページ日本の財政関係資料中の記述から、出所：内閣府『中長期の経済財政に関する試算』令和 4 年 1 月 14 日）は、図 1-2（次ページ）に示すように 2017 年まで漸増し、2017 年〜2019 年まで殆ど同額である。そして、2020 年〜2021 年で減少に転じている。

　この期間の減少の原因は、コロナ感染症の感染拡大を防止するため、飲食店の営業時間の短縮・自粛を監督官庁から課せられたためである。
　そこで、日本政府は営業収益の減少による倒産防止・事業の持続化の給付金（事業全般に広く使える給付金）を申請者へ支給する制度を設けた。尚、申請期間（2020 年 5 月 1 日〜2021 年 2 月 15 日）並びに対象者（農業・漁業・製造業・飲食業・小売業・作家・俳優業等、幅広い業種で法人・個人対象）である。
　これらの給付金は課税対象（但し、個人への 10 万円給付は課税対象外）となる。このため、2020 年及び 2021 年の GDP は、日本政府から持続化給付金名目のマネーサプライによって嵩上げされている。
　このため、コロナ禍の 2022 年において日本の借金残高は 1411 兆であり、前年比で 170 兆円急増している。この借金 170 兆円のマネーサプライを以ってしても、2022 年の GDP は比較的に少ない。仮に、この 170 兆円が市場にマネーサプライとして投入された場合、GDP 経済成長率は 31％余（後ページの第 3 章で記載のフィッシャーの交換方程式の係数を 1 とした時）嵩上げされる。このため、この 170 兆

円は GDP を助長するマネーサプライとしての機能を果たしていない可能性が大きい。

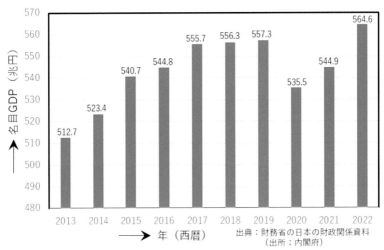

図1-2　過去１０年間の日本の名目GDPの推移

（2）日本の借金残高及び GDP の観点からのドル円の推移

　そこで、国家経済の基礎的条件の借金残高及び GDP を加えた観点から、ドル円のこれまで・現在・今後の推移について以下の方法で調べた。

　当年の通貨（紙幣）の前年比の変動比率（Currency Depreciation Rate）Δ（CDR）は次式で示す。

　すなわち、

　Δ（CDR）

＝（当年の借金額（＝当年度の借金残高－前年度の借金残高））

　　÷（当年の GDP（当年の借金で調達した額のマネーサプライで

　　生じた GDP 増加分も含む））

　上式から Δ(CDR)が小さい時、当年の通貨の価値の変化率は小さい。Δ(CDR)が負の時、当年の通貨（紙幣）の価値は上がる。

　逆に、Δ(CDR)が正の時、当年の通貨（紙幣）の価値は下がる。

　すなわち、「当年度の Δ(CDR)に "1" を加えた値（Δ(CDR)+1）と前年度のドル円の値の積を当年度のドル円の値とする。」方法である。

　そこで、図 1-1 に示した借金残高と図 1-2 に示した名目 GDP から、Δ(CDR)を求めた値を図 1-3（次ページ）に示す。尚、条件は次に示す。

条件：

1．図 1-3 に示した Δ(CDR)を求める計算で使用した 2022 年の借金残高は、第一次補正予算後の値（赤線の棒グラフ、すなわち借金残高は 1255 兆円）1255 兆円である（但し、2022 年 6 月末現在）。

2．起点となるドル円は、2014 年のドル円為替 105.9 円

　　（出所：世界経済・統計情報サイトの世界経済のネタ帳）を用いた。

　3．GDP は、図 1-2 に示した値を用いた。

　そこで、上記の Δ(CDR)に 1 を加えた値と前年度のドル円値の積から、2015 年度～2022 年度のドル円の推移を推測した（図 1-4）。

　この推測値は、日本経済の基礎的条件（借金残高・GDP）を算入した値である。従って、米国の経済指標を比較した値ではない。

　図 1-4 において、ドル円の推測値に遅行して市場でのドル円（仲値のドル円の値）が追従している。

　この図 1-4 において、2022 年のドル円の推測値は 150.80 円であり、そして市場取引での仲値のドル円は 150.26 円(2022 年 10 月 22 日の仲値の値)であった。これらのドル円値の差は、0.54 円であった。

　この差は僅少である（図 1-4）。

年代（西暦）	Δ（CDR）
2014	ドル円＝105.9円を起点
2015	-0.00749
2016	0.04115
2017	0.02961
2018	0.02819
2019	0.02014
2020	0.19109
2021	0.04594
2022	0.02425

図1-3　年代における通貨の変動比率Δ（CDR）

　上記の推測値の妥当性を検証したところ、この方法を用いたドル円推測値は、市場取引における仲値のドル円の値にほぼ一致した。

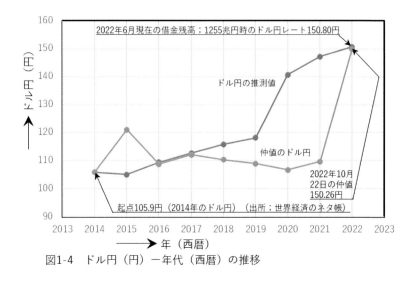

図1-4　ドル円（円）－年代（西暦）の推移

　第 1 次補正予算の後、臨時国会で第 2 次補正予算が参議院本会議で可決成立（2022 年 12 月 2 日）しました。この第二次補正予算可決により新規国債発行が承認された。この新規国債発行で借金残高は 1411 兆円に増加した。このため、2022 年の借金残高の確定値 1411 兆円を用いて、もう一度上記同様な Δ(CDR)を計算した値を図 1-5 に示す。

年代（西暦）	Δ（CDR）
2014	ドル円＝105.9円を起点
2015	-0.00749
2016	0.04115
2017	0.02961
2018	0.02819
2019	0.02014
2020	0.19109
2021	0.04594
2022	0.30126

図1-5　年代における通貨の変動比率Δ（CDR）

　そして、図 1-5 に示す新たな Δ（CDR）を用いて、上記と同様な方法で計算したドル円は図 1-6（次ページ）に示す。

　尚、この図 1-5 において 2022 年の Δ（CDR）は、借金残高増加のため 0.30126 に増加した。

　このため、2022 年のドル円の推測値は 191.9 円（図 1-6）となる。

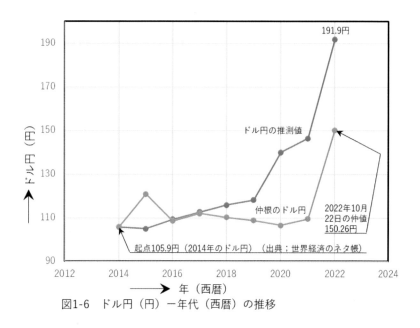

図1-6　ドル円（円）－年代（西暦）の推移

　現在、日本銀行はドーマーの条件（政策金利＞GDP 経済成長率の時、財政は不安定化し財政破綻へと導かれてしまう。しかし、政策金利＜GDP 経済成長率の時、財政は破綻しない。）を念頭において、意識的にマイナス金利を導入している節がある。

　このため、日本銀行で発行している日本銀行券の円通貨と米国紙幣のドル通貨間の為替レートの基準となる指標は、国の財政のファンダメンタルズを示す借金残高（財政収支）と GDP 以外に見当たらない（但し、為替介入を除く）。

　自国及び貿易相手国の財政状態を綿密に把握し、そして同時に為

替レートを算出することは極めて困難である。そこで、財政状態の健
全性を示すドーマー条件を根底に、一般的に「長期債の 10 年物国債
の金利が、国家間の通貨レートの一つの指標」として使用されている
節がある。

　さて、図 1-4 及び図 1-6 において、2020 年〜2022 年にドル円の大
きな上昇が目立つ。すなわち、米国ドルに対して円の価値が低下して
いる。この現象の要因は、この 2020 年においてコロナ禍の救済措置
として持続化給付金を支給するための多額の新規国債発行で生じた
借金残高の増大（図 1-1）、及びテレワークによる在宅勤務・外食控
えによる飲食産業の売り上げ減少、各種交通機関を利用した遠距離
宿泊型観光旅行控え……等による GDP の減少（図 1-2）である。
　このため円通貨の価値を高めるために GDP を増やすことが最も重
要である。同時に借金残高を減らすことも重要である。しかし現在、
借金を返済するような殊勝な国々等は、世界に殆ど存在しない。
　新規国債発行で調達した資金をマネーサプライとして市場へ投入
する手段で、ドーマーの条件による財政破綻に陥らないように GDP
経済成長率を高く維持している節がある。

　このような背景から、今後も借金残高の増加の可能性がある。しか
し、今後、新規国債発行で調達した資金を用いて、上記と同様な GDP
経済成長を持続することは疑問である。
　理由は、数年後に生ずる日本の人口構成の大きな変化、特に日本の

人口減少及び労働生産人口の減少である。すなわち、日本の人口減少及び労働生産人口の減少が、毎年、今後15年以上に渡って継続する。

　労働生産人口とGDPは正の一次関数の相関関係にある。このため、労働生産人口の減少はGDP（年間の付加価値のある物やサービスの総額）の減少となる。今後、上記の二つの要因でGDPの減少は否めない。

　そこで、次章で日本の人口動態について述べます。

2章　日本の人口減少について

（1）出生数

　第二次世界大戦後、日本の出生数は現在に比較して極めて多かった。出生数は、1947 年〜1949 年の第 1 次ベビーブームで約 270 万人（内閣府発表）、第 2 次ベビーブーム 1971 年〜1974 年で約 209 万人（内閣府発表）である。その後、出生数は次第に減少傾向の一途を辿っている（図 2-1）。

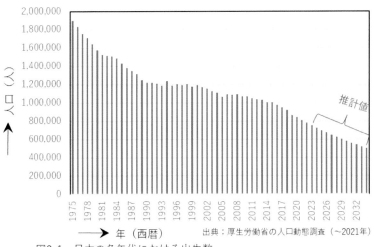

図2-1　日本の各年代における出生数
　　　　尚、過去5年間の人口減少率の平均から計算した推計値を
　　　　2023年以降2034年まで示した。

今後の出生数の推定値（過去 5 年間の出生減少率の平均から推計した出生数の推移）は、2030 年で 60 万人を割り込む（図 2-1）。尚、直近の 2022 年の日本の出生数は 799,728 人である。対前年比で1.46%余（799,728 人／前年 811,622 人）の減少である。他方、死亡数は年々増加傾向にある（図 2-2）。

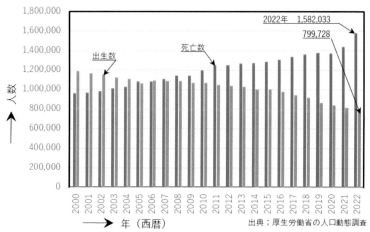

図2-2　日本の人口動態統計から2000年以降の各年度の出生数と死亡数を示す。

　図 2-2 において、2006 年を境に 2007 年から現在まで死亡数が出生数よりも多く、そして次第に人口減少数が増加傾向にある（死亡数から出生数を差し引いた値が人口減少に相当する）（図 2-3）。

（2）人口の減少数

　日本で人口減少に転じた 2007 年の人口減少数は約 2 万人であった

が、14年後の2021年においては、単年度で62万人余減少した(図2-3)。

　すなわち、1年間で1つの県が消滅したことになる。

　このような急激な人口減少は、GDPに大きな痛手となる。

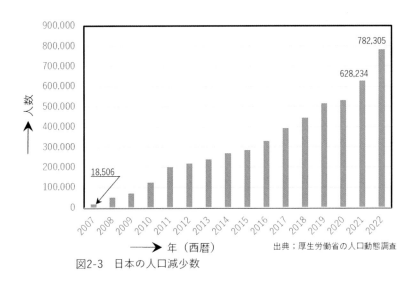

図2-3　日本の人口減少数

　ここで特に、日本の人口構成から見た労働生産人口の暦年推移を次に示す。日本の人口構成は、図2-4に示すように2021年11月現在で15歳〜64歳の労働力人口は、7399万人で割合にすると59.3%の過去最低である。65歳以上の人口は、3627万人で割合にすると29.0%となり過去最高になっています。次世代を担う15歳未満の人口は1458万人で、割合にすると11.7%となり過去最低である。そして、労働力人口(労働生産人口)は1992年のピークから次第に減少し

ている（図 2-5）。

　さらに、第 2 次ベビーブーム世代が 65 歳を過ぎた時点で、労働生産人口（15 歳〜64 歳）は急激に減少する（図 2-4）。

　他方、65 歳以上の老人数及び割合は増加する。労働生産人口と GDP は正の一次関数の相関関係にあるため、今後の労働生産人口の減少は、GDP の減少として現れる。

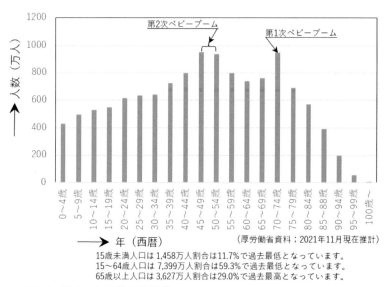

（厚労働省資料；2021年11月現在推計）
15歳未満人口は 1,458万人割合は11.7%で過去最低となっています。
15〜64歳人口は 7,399万人割合は59.3%で過去最低となっています。
65歳以上人口は 3,627万人割合は29.0%で過去最高となっています。

図2-4　日本の年齢別人口構成

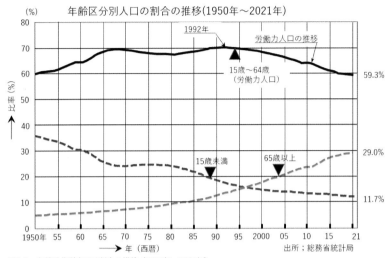

(%)　　年齢区分別人口の割合の推移(1950年〜2021年)

図2-5　年齢区分別人口の割合の推移（1950年〜2021年）

3 章　日本の GDP の推移

（1）1980 年から 2020 年までの名目 GDP 統計の推移

　日本の GDP は 1980 年～1992 年まで右肩上がりで急激に増加した。しかし、GDP は 1992 年以降多少の増減はあるが、殆ど増加していない。そして、直近の 2020 年において減少に転じている（図 3-1）。

　尚、2020 年～2021 年における GDP は、コロナ禍のため国から各多方面へ持続化給付金支給年のため参考にならない。

　このため、信頼できる直近の GDP の値は、2019 年の 557.3 兆円（出典：日本の財政関係資料（出所：内閣府））である。

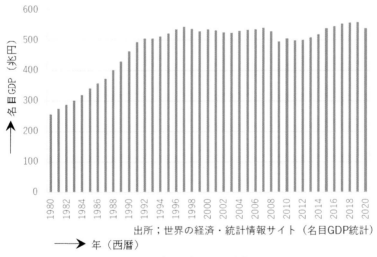

出所；世界の経済・統計情報サイト（名目GDP統計）

図3-1 日本のGDPの推移（1980年～2020年）

一方では、毎年発行の新規公債を含む借金残高は右肩上がりに指数関数的に急上昇している（図1-1）。

　当年の新規国債発行で調達した資金を市場へマネーサプライすることにより、当年の GDP は増加する。

　フィッシャー（アーヴィング・フィッシャー：米国の経済学者・統計学者（出典：Wikipedia））の交換方程式において、マネーサプライ・GDP・物価・貨幣の流通速度の関係は次式で示される。すなわち、

　　M＝（P/V）x GDP

　ここで、

　　GDP：年間に国内で生産された付加価値のある物やサービス
　　　　　の総額である（但し、原材料や輸送費用を除く、すなわ
　　　　　ち儲けを示す値である）。

　　M：マネーサプライ

　　P：物価

　　V：貨幣の取引流通速度

　上式から、マネーサプライと GDP は比例関係にある。

　　従って、新規国債発行で調達した資金をマネーサプライとして市場へ投入することにより、GDP は増加する。

　他方、比例定数項の物価Pが高い時、GDP は減少する。そして、給与所得の減少による買い控え要因で貨幣の取引流通速度 V が低下した時も又、GDP は減少する。すなわち、比例定数（P/V）の増加で、

GDP は減少する。

　新規国債発行で調達した資金をインセンティブとして市場へマネーサプライした場合、市場投入マネーに比較して GDP の増加が重要になる。すなわち、コスト・パフォーマンスが重要になる。すなわち、GDP 増加への波及効果を大きくすることが重要である。

　このような借金の累積増加で生ずる借換債は、さらに膨張増加する。このため、借換債（元本と金利を合わせた国債を償還するための国債）の利払い費用だけでも毎年大きな金額になる。これらの大量の借金（公債）を人口減少の著しい 15 歳未満の日本の子供たちが、知らない間に、好むと好まざるに拘わらず何れかの時期に支払う羽目になる。

　そこで、高度成長時代 1981 年〜1991 年における経済成長率及び新規国債発行による GDP への波及効果について図 3-2 に示した。そして比較のために、上記同様な方法で低成長時代 2014 年〜2021 年における経済成長率（GDP 経済成長率）及び新規国債発行による GDP への波及効果について図 3-3 に示した。

　図 3-2 において 1981 年〜1991 年に渡たる高度成長期においては、名目 GDP 成長率は毎年上昇しており 4.0％〜7.7％の高い範囲にある。さらに、当年の新規国債（4 条国債（別名：建設国債）、特例国債（別名：赤字国債）、財投債。但し、借換え債を除く）発行による GDP への波及効果を以下の方法で調べた。

この新規国債発行による波及効果(指数)を次式で表した。すなわち、

　新規国債発行による波及効果（指数）
　　＝（GDP－当年度の新規国債発行額（借換債除く））÷当年度
　　　の新規国債発行額

　高度成長時代の新規国債発行による GDP への波及効果（指数）は、約 20～70 にまで及んでいる。この驚異的な波及効果は、新規国債発行で調達したマネーの投入によるインセンティブで付加価値の高い物やサービスを提供する国内産業の活性化を促した相乗効果である。付け加えるならば、毎年の春闘で労使間の妥結した給与所得の増加によって消費が躊躇なく容易に可能になった。すなわち、フィシャーの交換方程式における貨幣の取引流通速度が増した。このため、V の値の増加によって GDP は大きくなる。

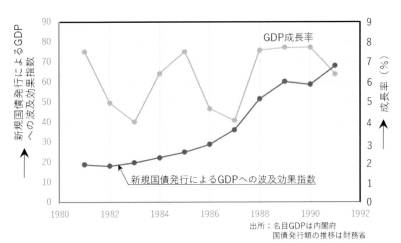

図3-2 高度成長時代(1981年〜1991年)の成長率と国債発行によるGDPへの
　　　波及効果について
　尚、新規国債発行によるGDPへの波及効果指数
　　　＝（GDP－当年度国債発行額（借換債除く））÷当年度国債発行額

　他方、2014 年〜2021 年に渡っての低成長期においては、名目 GDP
の成長率は 3.30％〜−3.91％の低い範囲にある（図 3-3）。当年発行
の新規国債発行による GDP への波及効果（指数）は、約 3〜12 まで
極端に低下している。この波及効果は、高度成長期に比較して極めて
低い。

　新規国債発行で調達したマネーを市場へ投入したマネーサプライ
が、インセンティブとして作用しない。すなわち、このような波及効
果の低下は、国民の必要とする事業の減少の表れである。

　これらのグラフから読み取れることは、「老齢化した成熟した社
会」である。そして人口減少のため新たなインフラの必要性が殆ど

ない、等。

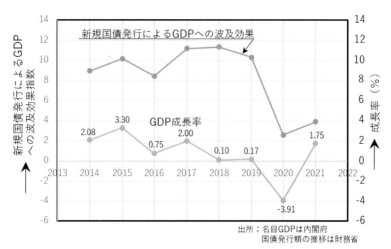

図3-3 低度成長時代(1981年～1991年)の成長率と国債発行によるGDPへの
　　　波及効果について
　　尚、新規国債発行によるGDPへの波及効果指数
　　　＝（GDP－当年度国債発行額（借換債除く））÷当年度国債発行額

　高い関心がGDP経済成長率に集中しているが、しかし他方の直近
2014年～2021年の8年間で新規国債発行の総額は、512.6兆円で
ある。

　この新規国債発行で調達した多額資金をマネーサプライ以ってし
ても、GDP経済成長率は+3.30％～－3.91％の範囲内の低成長であり、
且つ減少傾向にある（図3-3）。尚、コロナ禍前後の新規国債発行を
比較した場合、コロナ禍以前の2014年～2019年に渡る6年間の累
積新規国債発行額は298.13兆円である（図3-4参照）。従って、新

規国債発行額は毎年平均 49.68 兆円/年である。 コロナ禍の 2020 年
〜2021 年に渡る 2 年間合計の新規国債発行額は 257.9 兆円である
（図 3-4 参照）。従って、この 2 年の新規国債発行額は毎年平均で
128.9 兆円余/年である。

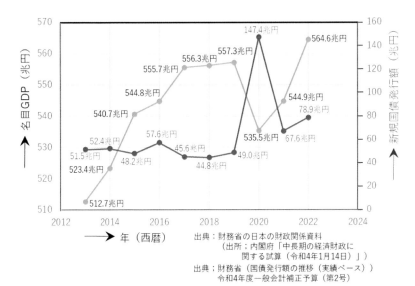

図3-4 名目GDP及び新規国債発行額（4条国債＋特例債＋財投債の合計額）
の推移（2014年〜2022年）

　このような毎年の新規国債発行で調達した多額のマネーの投入に
よる市場活性化を以ってしても、GDP 経済成長は沈滞している。
　一例として、2014 年における GDP は 523.4 兆円、及び新規国債発
行額は 52.4 兆円である（図 3-4 参照）。
　しかしながら、新規国債発行で調達した資金 52.4 兆円をインセン

ティブとしてのマネーサプライを市場に投入しない場合、GDP は471.0 兆円（523.4 兆円−52.49 兆円＝470.91 兆円）である。

　従って、新規国債を発行しない場合、2014 年の GDP 経済成長率は、−8.15％（(470.91−512.7 兆円)/512.7 兆円＝−0.0815）である。

　すなわち、上記の GDP 経済成長率は、新規国債発行で調達した資金で 10.23％(52.49 兆円/512.7 兆円＝0.1023)嵩上げした値となる。

　上記を異なる角度で表現した場合、新規国債発行で調達した資金52.49 兆円をマネーサプライ投入によって市場活性化を以ってしても経済成長は、2.08％（(523.4 兆円-512.7 兆円)/512.7 兆円＝0.02086)

（図 3-3 参照）の低い成長率である。

　上記のように考えた場合、新規国債を発行しない時、2013 年〜2022年（2020 年及び 2021 年についてはコロナ禍）の GDP 経済成長率は、10 年間に渡って毎年マイナス成長（フィッシャーの交換方程式から、p.25）となる。

　すなわち、日本の GDP 経済成長を維持するためには、毎年多額の新規国債を発行することが不可欠となる。

　現在、日本銀行は、プラス・マイナス 0.5％の政策金利（2022 年現在、OECD 加盟国含む世界 40 カ国で、唯一日本だけ政策金利がマイナス金利である。）を採ることで、財政破綻に到るドーマーの条件に陥ることを防いでいる。

　さらに、日本銀行は 2022 年以降においてもマイナス金利の継続を

余儀なくされる。

　この理由は、日本の人口の減少である。日本の人口は、2007 年から年々減少の一途にある。例えば、2021 年〜2022 年に渡る 2 年間で日本の人口は 141 万人余減少している（図 2-3）。この減少数は鳥取県と島根県の両県を合わせた人口に匹敵する。すなわち端的に示した場合、日本は、この 2 年間で 2 県の消滅事態に遭遇している。

　今後、日本の GDP を押し下げる要因は、人口減少及び労働生産人口の減少である。

　現在、2022 年当初の日本の労働生産人口は約 7,399 万人（図 2-4、図 3-5）である。5 年後の 2027 年の日本の労働生産人口は 7,190 万人まで減少する（図 2-4 から算出した値：図 3-5 参照）。すなわち、5 年間で 209 万人余減少する。この 209 万人は鳥取県・島根県・高知県の 3 県の合計人口 187.5 万人余よりも多い。今後 5 年間の自然減を考慮した場合、労働生産人口は、この値よりもさらに減少する。GDP と労働生産人口の相関を正の一次関数とした場合、GDP は 2.8% 余減少する。

　さらに、10 年後の 2032 年の日本の労働生産人口は 6,888 万人余まで減少する（図 2-4 から算出：図 3-5 参照）。上記同様に自然減を考慮した場合、労働生産人口はこの値よりもさらに減少する。すなわち、2032 年の日本の労働生産人口は 511 万人余以上減少する。上記同様に考えた場合、GDP は 6.9% 余減少する。このため今後、日本の GDP 経済成長率が毎年マイナスに推移することは、否定出来ない。

従って、ドーマーの法則による財政破綻に陥らないために、日本銀行は政策金利を現行のプラス・マイナス0.5%から、さらにマイナス金利幅を広げる必要に迫られるであろう（しかし、日本国債発行で調達する資金でマネーサプライする場合、この限りではない。）。

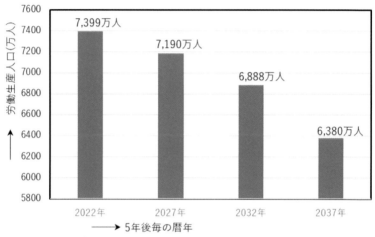

図3-5　5年後毎の労働生産人口の推移
（但し、基準の2022年の値は数値データ（出所：厚生労働省資料の2021年11月現在）から算出した値である。）

　そして、さらに15年後の2037年の日本の労働生産人口は、6,380万人まで減少する（図2-4から算出した値: 図3-5参照）。すなわち、労働生産人口は2022年比で1,019万人減少する。この働き世代（労働生産人口）の人口減少は、端的に表現した場合、鳥取県・島根県・高知県・徳島県・福井県・佐賀県・山梨県・和歌山県・秋田県・香川県・富山県・山形県・宮崎県の13県の合計人口に匹敵する。すなわ

ち、この減少数は 13 県の消滅に匹敵する。従って、日本は今後 15 年間、将来を左右する大事な年となる。

　現在 2022 年末の日本の借金（公債）は、1411 兆円余である、且つ対 GDP 比で極めて多額の借金である。

　しかしながら、これまでの財政政策から鑑みて、今後も新規国債発行による更なる借金の増大（図 1-1）、及び人口減少・労働生産人口の減少による GDP の減少（図 3-6）が危惧される。

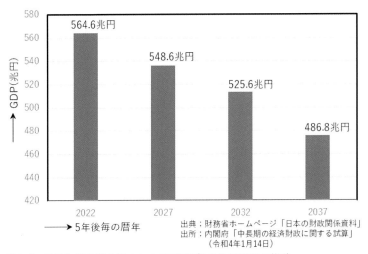

図3-6　労働生産人口の減少による5年後毎の名目GDPの推移
　　　（但し、基準の2022年の値は、上記付記の出典及び出所の値である。）

　これらの要因から、日本の債務（公債）は GDP 比で 262.4％（図 7-1）を容易に突破し、歯止めが効かなくなるであろう。

そこで、2022 年の GDP 564.6 兆円（図 1-2）を基に比較した場合、2027 年の GDP は 2.8％余減の 548.6 兆円まで減少する（GDP が労働生産人口に一次関数で正比例するとした時）。そして、同様に考えた場合、2032 年の GDP は 6.9％余減の 525.6 兆円まで減少する。さらに 2037 年に至っては、GDP は 13.7％余減の 486.8 兆円まで減少する。

　ところで、耳目の集まる名目 GDP 経済成長の陰で、2013 年～2022 年（2020～2021 年はコロナ禍）まで毎年新規国債を発行している。（図 3-4）。
　すなわち、新規国債発行で調達した資金をマネーサプライとして市場への供給は、フィッシャーの交換方程式から GDP 経済成長を高める。

　フィッシャーの交換方程式からマネーサプライ M と GDP は正の比例関係にある。すなわち、

　マネーサプライ M ∝ GDP　－－－－（フィッシャーの交換方程式）

　上式から、当年の新規国債発行で調達した資金を市場へマネーサプライした時、上式のマネーサプライの項は次式となる。すなわち、

　マネーサプライ（M＋新規国債発行で調達した資金）＝　K・GDP

　ここで、k：比例定数、k＝ P/V（P：物価の価格、V：貨幣の流通速度）

　今、k＝1 とした時、GDP は次式となる。すなわち、

GDP ＝ マネーサプライ(M) ＋ マネーサプライ（新規国債発行で
　　　調達した資金）

　このため、新規国債発行で調達した資金のマネーサプライは、GDP 経済成長率の嵩上げを可能にする。すなわち、新規国債発行で調達した資金をマネーサプライすることによって、ドーマーの財政破綻条件（政策金利＞GDP 経済成長率）に陥る事態は回避できる。

　このような手法を用いた場合、日本の財政は破綻しない。しかし、大きな弊害として新規国債発行で調達した多額の資金を市場へ投入するため、通貨の希釈化で円の価値は低下する。

　さらに弊害として、この新規国債発行額は償還期限に元本及び金利を償還しなければならない。この償還金額は、借換国債を発行することによって捻出できる。この借換国債の発行は国会の承認を得る必要がない（借換国債は、新規国債発行でないため国会の承認を必要としない）。

　このため、借換国債は容易に発行可能なため年々増加している。この借換国債発行額は、直近の 2022 年で 148.4 兆円である（図 3-7）。特にコロナ禍の 2021 年に大きく増加している。このように借換国債は、国の新規国債発行で調達した資金（借金）を返済するための役割

を担っている。このような現状下で、借金額（公債）は既に大きくなっている。しかしながら、この借換国債の発行を継続する限り、日本の財政は破綻しない。

2022 年現在で、日本は借換国債 148.4 兆円に加えて内国債（公債）の四条債（建設国債）・特例債（赤字国債）・財投債（図 4-2-1、図 4-2-2）及び政府短期証券等を発行している。このため、2022 年の日本の借金（公債）残高は 1411 兆余円（図 1-1）となった。そしてさらに今後、日本の借金残高が増加することは明白である。

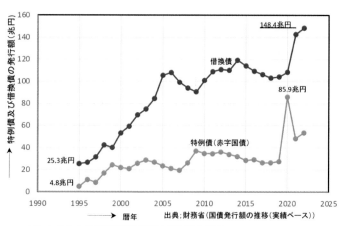

図3-7 日本の特例債（赤字国債）と借換債の推移

そこで、2013 年〜2022 年に渡る 10 年間の名目 GDP 及び新規国債発行額（公債）を示す（図 3-4）。この年代において、2014 年〜2017 年の GDP は右肩上がりに増加している。コロナ禍のため、2020 年度

の名目 GDP は 535.5 兆円まで減少しているが、2021 年度に 544.9 兆円に微増している（図 3-4）。一方、新規国債発行額（四条国債＋特例国債＋財投債、但し、借り換債を除く）は、2014 年度〜2019 年度に渡って毎年 44.8 兆円〜57.6 兆円の範囲で推移している（図 3-4）。この 6 年間で、新規国債発行額は年平均 49.6 兆円余/年（297.6 兆円/6 年≒49.6 兆円）である。そして、この新規国債発行額は 2020 年及び 2021 年で、それぞれ 147.4 兆円（コロナ禍のため）及び 67.6 兆円（コロナ禍のため）に急激に増加しており、この 2 年間の新規国債発行額は 215.0 兆円となる。

　従って、2020 年の国債発行額は新規国債発行額 147.4 兆円（図 4-2-2）及び借り換債 108.5 兆円（図 4-2-3）を加えた額、すなわち 255.9 兆円となる。2021 年の国債発行額は新規国債発行額 67.6 兆円及び借換債 142.8 兆円（図 4-2-3）を加えた額、すなわち 210.4 兆円となる。

4 章　日本の特例国債及び借換債の増加

(1) 日本の税収と新規国債発行額

　日本の財政は歳出が税収を上回っている状況が長く続いている（図 4-1(出所：財務省（一般会計税収、歳出総額及び公債発行額の推移))。このため、その差額の多くは借金（新規国債発行で調達した資金）等で賄われている。

　一般会計において税収額は、直近の 2013 年から 2019 年の 7 年間で毎年 61 兆円未満である（尚、2020 年度〜2021 年度の税収はコロナ禍のための持続化給付金（この持続化給付金の受領者は、所得税の納付の義務有り）、及び国民一人当たり 10 万円給付金（所得税納付の義務無し）等のため、参考にならない）。

　そこで、コロナ禍以前の 2013 年〜2019 年に渡る 7 年間の税収と歳出との累積差額は、マイナス 306.1 兆円余に達する（図 4-1）。このため、毎年平均 43.7 兆円余（306.1 兆円/7 年＝43.72 兆円/年）の税収不足である。

　さらに、コロナ禍の 2020 年度〜2021 年度に渡って税収と歳出との累積差額は、マイナス 164.4 兆円である。従って、2013 年度〜2021 年度に渡って生じた税収と歳出の累積差額は、マイナス 470.5 兆円である。すなわち、470 兆円余の税収不足である。

　そこで、日本の国債（四条債・特例債・財投債・借換債）の推移を

図 4-2-1、図 4-2-2、図 4-2-3 にそれぞれ示す。

　図に示すように、毎年恒常的な国家予算の歳出と税収の差額の多くは、新規国債発行等で調達している。

　1994 年以降、新規国債（四条債・特例債）発行額が増加している（尚、財投債は 2001 年以降増加傾向にある）。そして、コロナ禍に入った 2020 年〜現在に至るまで、新規国債（特例債・財投債・四条債）発行額が増加している。特例債（赤字国債）の発行額が顕著である。同時に、借換債が暦年と共に増加している。

　国が、資金を調達するために新規国債を発行する。これらの国債は、市中の金融機関を介して購入される。この過程で、この資金が調達される。

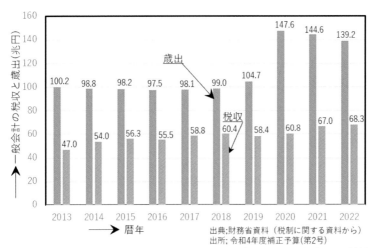

図4-1　日本の一般会計の税収及び歳出の推移(但し、2020年度まで決算)
（＊日本の財政は歳出が税収を上回る状況が続いています。
その差は公債(借金)（建設公債・特例債・財投債等の発行で調達)
によって賄われています。）

　しかし現在、日本銀行は YCC 金融政策の基で、市場から直接に指
値買いオペの手段で無制限に国債を直接購入している（国債は買わ
れた時、国債の金利は低下する。逆に、国債が売られた時、国債の金
利は上昇する）。

　このような指値買いオペによる無制限の日本国債購入によって、
YCC に沿った長短金利操作で、日本銀行の設定している政策金利に誘
導している。

　このため、日本銀行は 564 兆円余（2022 年末現在、前年比 43 兆円
余多い）の国債を購入し・保有(日本銀行が 2023 年 1 月 5 日発表)し

ている。このため、1%の金利上昇で保有の国債の含み損は 28 兆円余になる（雨宮正佳副総裁談：2022 年 12 月 2 日の参議院予算委員会で試算を示した、出所 日経新聞）。

　尚、日銀の 2022 年 3 月 31 日現在の財産目録（出所：日本銀行）の資料によると、当期の余剰金は 1.32 兆円余である。

　この買いオペによる多額の日本国債の購入のために、日本銀行は多額の円を市場に供給している。このため、市中に多量に出回った日本銀行券の希釈によって、円の通貨価値の低下が懸念される。

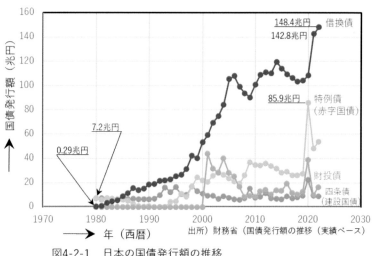

図4-2-1　日本の国債発行額の推移

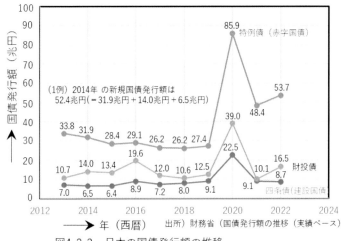

図4-2-2　日本の国債発行額の推移

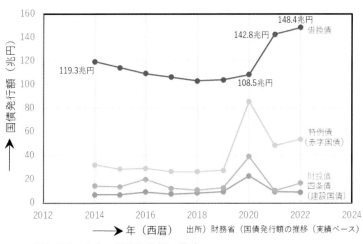

図4-2-3　日本の国債発行額の推移

（2）借換国債の増加

　図 4-2-1 に示したように、借換債発行額が年々増加している。こ
れまでに発行した国債（特例債＋財投債＋四条債）の償還期限の時点
で、元本及び金利を加えた額を償還する債務がある。しかし、この償
還に相当する金額（国の予算（歳入））がない時、借換債を発行せざ
るを得ない。このような手法を用いて、これまで何とか国家の財政を
繕って来た。すなわち、これまで発行してきた新規国債発行の償還額
の累積額が借換債である。

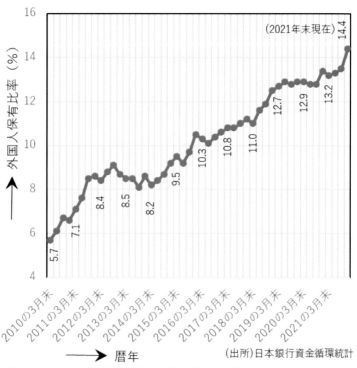

図4-3　日本国債等の外国人保有比率の推移

そこで、日本国債（公債）の外国人保有比率を図 4-3 に示す。この図に示すように 2010 年の 3 月末で、日本公債の外国人所有比率は 5.7％であった。相対的に外国人よりも日本人の日本国債保有比率は極めて高い。日本人の日本国債保有比率が高いため、「国債の暴落（金利上昇）は発生しない。」との節があった（国債が売られた時、国債価格は下落する。逆に国債金利は上昇する）。しかし近年、日本国債の外国人保有比率は変化しつつある。日本国債の外国人所有比率は近年漸増しており、直近の 2021 年末で 14.4％に至った。この外国人所有比率が 20％に近づいた時、「日本国債金利の急上昇」の節がある。

　さらに、普通国債（建設国債、特例国債、財投債、復興債及び借り換債（出典：財務省））の利払い及び元本償還財源は、主として税財源により賄われています（出典：財務省）が……。

　この普通国債を含む公債（政府短期証券含）の借金残高は、図 1-1 に示したように 1,411 兆円（2022 年末現在）に達する。

　一方、普通国債の利率加重平均は図 4-4 に示すように漸減に推移している。図 4-4 から、この利率荷重平均は 2019 年で 0.87％である。このため、国債の利払費は債務償還額と利率加重平均の積になる。

　令和 4 年度一般会計二次補正予算後の歳出における国債費の内訳は債務償還費 16.3231 兆円（交付国債分除く）、利払費 7.2880 兆円である（出所：財務省）。

　他方、歳入不足のため税収と歳出との差額−62.47 兆円余を公債金

（出所：財務省）（公債発行で調達した資金）で賄っている。

　従って、歳入(歳出)139.21 兆円に占める公債費は 62.47 兆円余である。

　日本の税収は直近の 2014 年〜2019 年（尚、コロナ禍の持続化給付金支給のため、2020 年及び 2021 年度の税収は除く）の 6 年間の平均税収は、57.2 兆円余/年（343.4 兆円÷6 年＝57.2 兆円余/年）である。

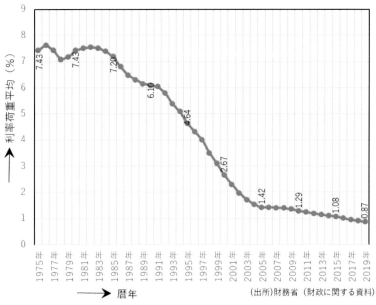

図4-4　日本の普通国債の利率荷重平均の推移

　他方、直近の日本の令和 4 年度の一般会計の歳出総額は、令和 4 年

5 月 31 日現在の補正後で 110.3 兆円である。そして、この時点で公債金（借金）依存額は 39.6 兆円である。そして、この第一次補正予算の時点（5 月 31 日）で、日本の借金は 1255 兆円であった。しかし第二次補正予算成立時（12 月 2 日）の借金は 1411 兆円に膨れ上がった。

　すなわち、2022 年の借金は、第二次補正予算でさらに 156 兆円膨れ上がった。このため、新規国債発行額（公債）は 195.6 兆円（39.6 兆円＋156 兆円＝195.6 兆円）となる。

　2022 年（令和 4 年）発行の国債は、借換債 148.4 兆円（図 4-2-3）に上記の新規国債発行額（公債）を加えた額に相当する。

5章　労働生産人口の減少に伴うドル円（為替）の推移の推測

　日本の年齢別人口構成を図 2-4 に示した。この図を基にして直近の 2022 年を起点として、5 年後毎の労働生産人口の推移を図 3-5 に示した。労働生産人口は、GDP と正の一次関数の相関関係にあるため重要な指標である。

　直近の 2022 年の労働生産人口（15 歳〜64 歳）は約 7,399 万人であるが、5 年毎に次第に大きく減少する（図 3-5）。

　5 年後の 2027 年に 209 万人減少して 7190 万人になる。すなわち、労働生産人口は 2.8％減少する。

　そして、この 5 年間での自然減を考慮した場合、労働生産人口はさらに減少する。

　10 年後の 2032 年の労働生産人口は 511 万人減少し、6,888 万人になる。すなわち、労働生産人口は 6.9％減少する。

　15 年後の 2037 年の労働生産人口は 1,019 万人減少して、6380 万人になる。すなわち、13.7％減少する。

　上記の 5 年後毎の労働生産人口は、今後の自然減を考慮しない値である。従って、上記の労働生産人口はさらに減少する。

　そこで、労働生産人口と GDP が正の一次関数の相関にあるとした場合、直近の 2022 年から 5 年後毎の GDP の推移を図 3-6 に示した。

この図において直近の 2022 年の GDP は 564.6 兆円であるが、しか
し、5 年後の 2027 年の GDP は 548.6 兆円、10 年後の 2032 年の GDP
は 525.6 兆円、15 年後の 2037 年の GDP は 486.8 兆円まで減少する。
　上記の GDP 減少の影響によって、ドル円は変動する。
　そこで、このドル円変動を Δ（CDR）値（第 1 章参照）を用いた同様
な手法で推測した結果を図 5-1 に示す。

　ここで、新規国債発行額は 2014 年〜2019 年の 6 年間（図 3-4 参照）
で 297.6 兆円余である。この新規国債発行額を年平均（297.6 兆円/6
年 ＝ 49.6 兆円余/年の増加）に換算した場合、5 年後（2027 年度）の
国の借金は 2022 年比で 248.0 兆円（49.6 兆円/年×5 年＝248.0 兆
円）増加する。

　そこで、第 1 章（2）で検証した手法で、ドル円の推移を下記の条
件で推測した。
　尚、国の毎年の借金額（新規国債発行額。但し、特例債除く）は、上
記で示した年平均値 49.6 兆円を用いた。

　条件：
①　ドル円は、日本の借金（公債）残高及び GDP によって変動する。
②　国の借金額（公債）は毎年 49.6 兆円/年（上記で示した値）とする。
③　GDP 経済成長率は毎年 2.1%/年（出所：内閣府は 2022 年 12 月
　　22 日の政府経済見通し公表、を引用）とする。

④　労働生産人口の減少に伴う GDP の減少の影響については、直近の 2022 年を基点として 5 年後の 2027 年時点、及び 10 年後の 2032 年時点におけるそれぞれの GDP 値を Δ 値に算入して、これらの各時点のドル円を計算する。そして、この計算によって上記各時点における、ドル円に加味する。

上記条件で推測したドル円は図 5-1 に示す様になる。

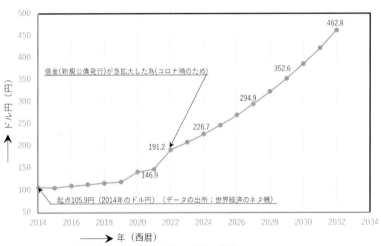

図5-1　ドル円為替（円）－年代（西暦）の推移の推計
　　　　条件；1. GDP経済成長率 ＋2.1%/年
　　　　　　　2. 借金 49.6兆円/年（2014年〜2019年の平均額（図3-4参照））

6章　公務員と民間企業の給与の格差

(1) 民間の活力の必要性

　国家公務員（令和元年現在）（但し、自衛隊(23.5万人)及び衆参両議院議員数を除く）と地方公務員（令和2年現在）の合計数は、3,016,903人である（図6-1）。

　他方、民間企業で働く人（1年以上の勤務者対象）は5,245万人である（図6-1）。

　そこで、上記の国家公務員と地方公務員及び民間企業を対象とした給与の比較を図6-1に示した。

　この図6-1から、国家公務員（但し、自衛隊(23.5万人)及び衆参両議院議員数を除く）の年間給与（諸手当含む）は6,520,608円（平均年齢43.1歳）であり、地方公務員は6,404,306円（平均年齢42.8歳）である。民間企業の年間給与は433万円（平均年齢43.5歳）である。民間企業においては、正規と非正規間で給与差がある。この正規3,483万人対象の年間給与(諸手当含む)は496万円、非正規1,203万人対象の年間給与は176万円である。

　上記から、国家公務員（平均年齢43.1歳）と民間（平均年齢43.5歳：労働生産人口の加重平均から算出した年齢）の給与差は年間で219万円余である。

　地方公務員（平均年齢42.8歳）と民間（平均年齢43.5歳）の給

与差は年間で207万円余である。

　従って、公務員と民間企業で働く労働者の間に極めて大きな給与格差がある。

　本来なら、確りした身分保証のある、そして景気不景気に左右されないで安定的に給与を受領している公務員の給与は、民間企業の給与に比較して同等あるいは以下にすべきである。民間企業で働く労働者のために、不景気で離職を余儀なくされた時、毎月各々社員の給与から天引によって支払っている積立金の雇用保険から失業給付金を受け取れる制度がある。しかし、この失業給付金の受領できる期間は勤続年数によっても異なるが、数か月である。このため、経済的に極めて不安定である。

比較項目 所属機関と人数	年間給与(諸手当含む)			年間賞与 (ボーナス)	平均年齢
国家公務員(令和元年) 252,809人対象 内訳；行政職(142,213人) 税務職(51,149人) 公安職(44,723人) 専門行政職(7,876人) 医療職(2,905人) 教育職(153人) その他(3,790人))	6,520,608円			俸給の 4.45カ月	43.1歳
地方公務員(令和2年) 2,764,094人対象 (職種別職員数の合計)	6,404,306円			給与月額の 4.45カ月	42.8歳 (都道府県)
民間企業(令和2年) 5,245万人対象 (一年を通じて勤務した 給与 所得者を対象)	433万円 男性 532万円 女性 293万円	正規 3,483万人 対象	496万円	民間企業 間で異なる	43.5歳 ※労働人口の 加重平均から 算出した値
		非正規 1,203万人 対象	176万円		

出所；人事院 令和元年（平成31年国家公務員給与の実態調査結果）
　　；総務省（令和2年地方公務員の給与の実態調査結果）
　　；国税庁（令和2年民間給与の実態統計調査結果）

図6-1 公務員及び民間企業給与の比較

　ここで、公務員と民間企業で働く給与所得者（一年以上の勤務者対象）の人数比、及び国の税収比較した値を以下に示す。

　公務員の人数は、3,016,903 人（国家公務員数＋地方公務員数の合計人数、図 6-1）、及び民間企業で働く給与所得者数は 5,245 万人（1年以上の勤務者対象）である。

　従って、公務員の人数比は 5.439 ％余（3,016,903 人÷55,466,903人（3,016,903 人＋52,450,000 人））である。

　公務員の年間の給与の内訳（但し、自衛隊 23.5 万人及び衆参両議院議員数を除く）は、国家公務員 1.65 兆円・地方公務員 17.70 兆円である。従って、公務員の年間給与額の総額は 19.35 兆円/年である。

　日本の年間税収金額は（図 4-1 参照：　390.4 兆円余/7 年間（2013年〜2019 年）＝55.7 兆円余/年間：尚、2020 年〜2022 年についてはコロナ禍のため除く）55.7 兆円/年である。すなわち、公務員の給与額は税収の 34.7%余である。

　7,399 万人（2022 年現在）の日本の労働生産人口（15 歳〜64 歳）は、公務員人数と民間企業人数の合計人数　55,466,903 人よりも 1,852万人余多い。従って、日本の労働生産人口の中で 25%余りは、一年未満の就労者・高校生・専門学校生・大学生・大学院生等の勉学生、家庭の主婦、退職者、及び年金生活者である。

　従って、5,245 万人余の民間企業人が、民間の技術・活力で付加価値の高い物やサービスの生産で GDP 経済成長を支え、そして大切な

外貨を日夜通してグローバルで稼いでいる。

　日本は、財政破綻（財政破綻のドーマーの条件は、政策金利＞GDP
成長率　である）を避けるために、高度な技術革新（Innovation）に
最も注力し、輸出額を伸ばすことが重要である（人口減少・労働生産
人口減少・発展途上国の急速な発展による資源の買い負け……。等の
影響を避けるため）。

　資源の乏しい日本は、民間企業の切磋琢磨した技術・活力で外貨を
稼ぎ・GDP 経済成長率を上げることが必要不可欠である。

(2)　日本だけ平和の配当を得た時代の終焉

　これまで、島国の日本は平和の配当として経済成長だけに資金・労
力を投入できた。冷戦を経て東西両ドイツの統一及びソビエトの崩
壊以降、強大な軍事力を有する大国が次々と民主主義国家へと移行
した（しかしながら、未だ南北問題は残っている）。

　時代の変遷である。

　このため現在、元来基礎学力を有する人民を擁し、且つ資源豊富な
国々は、以前の日本と同様に平和の配当を受けられる時代へと移行
した。

　このため、従来の延長線上で考えた場合、世界における日本の存在
感の低下は否めない。

　発展途上国も先進国日本と同様に、GDP 成長率を上げるために常に新規な施策を採っている。

　昨今、発展途上国の GDP が目覚ましく増加している。逆に、日本の GDP 成長率は、新規国債発行で調達した資金を市場投入以ってしても、低い状態から抜け出せないでいる。

　一例として、発展途上国のインドネシアのジョコ・ウィドド大統領は、2023 年 6 月からアルミニウムの原料のボーキサイトの輸出を禁止する、と述べている (JETRO ニュース 2022 年 12 月 23 日)。

　さらに、2023 年半ばにも銅 (銅の原材料) の輸出を禁止する予定である、と述べている (2023 年 1 月 10 日、時事通信ニュース)。

　これらのニュースから、今後、インドネシアは自国内でアルミニウム・銅の精錬事業への参入を表している。すなわち、付加価値をさらに高めて輸出する算段である。これによって、インドネシアの GDP はさらに増加する見込みである。

　このため、これらのアルミニウム・銅を輸入する日本は、以前に比べて付加価値の高い、且つ高価な原料を購入する羽目になる。このため、この事業に関する日本の GDP の減少が懸念される。

　GDP 成長率を高めるために、技術革新 (Innovation) は必須である。そして、この技術革新並びに特許出願は表裏一体である。基礎研究の過程で特許が出願される。従って、特許出願件数で国の発展度が推測

できる。

　特許出願人は、出願日から 20 年間権利を主張できる。特許に抵触
した場合、この抵触者は逸出利益の数倍まで補償する責務を負う。

　先進国である筈の日本は、昨今この特許分野で立ち遅れている。
　2022 年の米国への特許件数において、韓国サムソン電子が 8,513
件で 1 位、米国 IBM は 4,743 件で 2 位となった。IBM は前年の 2021
年まで 29 年連続で首位の座を維持していた。上位 10 位に入った中
国企業は 2 社で、7 位のファーウェイ（華為技術）は 3％増の 3023
件、8 位の BOE(京東方科技集団)は 27％増の 2,725 件だった（米特許
専門法人 Harrity＆Harrity が 2022 年の米国特許取得件数ランキン
グを発表：出所：36Kr　Japan in partnership with 日本経済新聞
（中華人民共和国のテクノロジー評論会社））。
　さらに、6G（第 6 世代移動体通信システム）関連の特許出願数の
場合、日本経済新聞傘下英文メディア「Nikkei Asia」等の調査によ
ると、その割合は中国が 40.3％でトップだった。次いで第 2 位の米
国が 35.2％、第 3 位の日本が 9.9％、以下、欧州が 8.9％、韓国が
4.2％。

　現在、日本は GDP を増加させるために日本の伝統的な文化・おも
てなしで観光客を引き寄せるインバウンドで外貨を稼ぐ施策を採っ
ている。このような手法で主に外貨を稼ぐ姿は、通貨の安い発展途上

国で多々見られる光景である。しかしながら、GDP 増加のために先ず可能な事柄を実行することは大切である。ここで、肝に銘じることは、「今ある日本の文化遺産は、当時の先端科学技術分野で他の国々に比較して極めて高い時代に築いた遺物」である。

　先進国 G7 の中の一国である日本は、先端的な科学技術を用いて付加価値をより高めた製品の輸出で GDP 経済成長率を高め、Win-Win の関係で世界に貢献する姿が望ましい。

　日本の一人当たりの GDP は世界第 30 位である。1 位がルクセンブルグ、2 位がシンガポール、3 位がアイルランド、……27 位が韓国……30 位が日本の順に続いている（出所：IMF "World Economic Outlook Database, April 2021(2021 年 4 月 21 日閲覧)よりニッセイ基礎研究所作成"）。

　そして、名目 GDP の場合、1 位米国、2 位中国、3 位日本、僅少差で 4 位ドイツ（日本との差は 2,695 億ドル）……の順に続いている（出所：IMF ）。そして、日経センターの中期予測によると 2029 年時点で、インドが日本を抜いて 3 位になる（出所：日経新聞 2019 年 12 月10 日）。

　それでは、世界は日本をどのような評価を下しているのか。

　国別のソブリン債（公債）の格付けを以下に示す。

　　S&P 社格付けは、トリプル A： ドイツ、カナダ

　　　　　　　　　　　ダブル A プラス：米国

ダブル A ：　英国、フランス、韓国

シングル A プラス：日本、中国

ダブル B プラス：ギリシャ

ダブル C ：　ロシア

（出所：現代ビジネス 2023.0121　歳川隆雄氏）

ムーディース社格付けは、

トリプル A ：米国、ドイツ、カナダ

ダブル A2 ：フランス、韓国

ダブル A3 ：英国

シングル A1 ：日本、中国、アイルランド

トリプル B1 ：スペイン

トリプル B3 ：イタリア

ダブル C ：ロシア

（出所：現代ビジネス 2023.0121　歳川隆雄氏）

　さて、直近の 2021 年の日本の借金は GDP 比 262.4％（図 7-1）である。この借金は世界で最も多い。ワースト・ワンである。

　この借金は、類を見ないほど極めて大きい。この汚名を回復するために GDP 成長率を高く、且つ借金を減らすことが早急に必要となる。

　しかし、日本の財政を立て直す暇は殆どない。

　その理由は、2007 年から既に始まっている日本の人口減少、及び労働生産人口の減少である。

7章　ドル円為替に大きな影響を及ぼすGDP

　日本の労働生産人口は、今後15年以上に渡って減少する（図3-5参照）。このため、GDPの減少は避けられない。現在においても、日本の債務残高はGDP比で世界の中で際立って最も多い。世界において、政府の総債務残高（対GDP比）の順位で、日本がワースト1位である。そして、2位ベネズエラ（中南米）、3位ギリシャ（ヨーロッパ）、4位スーダン（アフリカ）、5位エリトリア（アフリカ）の順である（図7-1）。

順位	国名	債務残高/GDP	地域
1位	日本	262.4%	アジア
2位	ベネズエラ	240.5%	中南米
3位	ギリシャ	199.4%	ヨーロッパ
4位	スーダン	181.9%	アフリカ
5位	エリトリア	176.2%	アフリカ

図7-1 世界の政府総債務残高　（出所）世界経済のネタ帳
（対GDP比）のランキング(2021年)

　この債務残高/GDP比でワースト2位のベネズエラは、ハイパーインフレ（2018年65,374%超のインフレ、出所：世界経済ネタ帳）が起きており、現在においても終息していない（2021年1,588%超のインフレ、出所：世界経済ネタ帳）。

　ハイパーインフレの起きているベネズエラ国は、通貨ボリバル・ソ

ベラノから 2018 年の 1/10 万のゼノミによって通貨ボルバルに変わって流通している。流通開始（2018 年）当初 1 米ドル＝60 ボルバルであったが、高額紙幣の増刷及び経済の悪化で、直近の 2021 年 8 月現在 1 米ドル＝410 万ボルバルまで通貨は、低下している（出典：フリー百科事典『ウィキペディア（Wikipedia）)。

　日本は、先進国の OECD 加盟国 38 カ国に仲間入りし、G7 に入っている。先進国の日本と発展途上国のベネズエラの相違はあるが、両国の共通している点は債務残高が異常に多い点にある。
　日本の場合、既に高齢化社会（長寿社会）に入っており、人口構成が変化している。この人口構成の変化は急激ではなく、ゆっくりと長期間に渡って構成されてきた。この間に、国民年金・厚生年金・健康保険・社会保険・介護保険・失業保険・自賠責保険……等の制度設計は確立されている。そして、この制度設計の基で国民は、今日まで毎月積立金を積み増している。この制度は老後の暮らしの担保となる。

　何故、日本が債務残高/GDP 比で 262％以上もあり、世界の中で最も悪いワースト・ワンであるのか？
　率直に述べるなら、債権者へ元本・金利をつけて期限内に償還しないことが、主因である。
　借りたお金を期限内に貸し手へ返済することは、経済の正常な姿である。

希釈効果で価値の下がった通貨を以って元本と金利を償還することは、国家の姿勢を問われる。

TPP（環太平洋パートナーシップ協定）が現在に至っても、11 各国（2022 年現在）である。この TPP の通貨は加盟国の自国の通貨である。この為、為替変動（ステルス介入等含む）による為替損益の発生・関税の完全撤廃の時期・特許・農作物等の課題もあるため、あまり話題に上らないことは不思議ではない。

一方、メキシコは NAFTA（北米自由貿易協定：巨大な経済圏）への加盟により、大きく発展している。中間材や資本材を輸入し、国内で加工・組み立てを行い、最終材を輸出する製造業が礎となっている。自動車・電気電子産業等では、最終組み立て業者の進出に伴って裾野産業も育ち、部品・原材料の国内調達率は次第に高まっている。そして近い将来（2050 年頃）メキシコの GDP は、日本を抜いて世界 7 位になる、と予想されている。メキシコの加盟している NAFTA は米国ドル圏との輸出入が多い。

この NAFTA においてメキシコの場合、自国の通貨メキシコペソを使用している。すなわち、ユーロのような通貨統合をしていない。

この通貨統合する必要性のない理由として、

(1)不確実性の為替変動（ステルス為替操作）の無い、

(2)開かれた米ドル、

(3)世界で最も情報の多い米ドル、

(4)信認のある米ドル、

(5)世界で最も流通している米ドル、

等……が挙げられる。

　EU（欧州連合 27 カ国）加盟国の中で 19 カ国（2022 年 1 月現在：オーストリア、ベルギー、キプロス、エストニア、フィンランド、フランス、ドイツ、ギリシャ、アイルランド、イタリア、ルクセンブルク、マルタ、オランダ、ポルトガル、スロバキア、スロベニア、スペイン、リトアニア、ラトビア）（出典：フリー百科事典『ウィキペディア（Wikipedia）』）が、通貨をユーロに統一している。通貨をユーロに統一することで、上記の国家間の為替変動の懸念を払拭できる利点がある。EU の目的の一つは、為替の安定化にある。この制度は人間の素性を十分に熟考されている。

　ところで、日本公債等（ソブリン債）の外国人所有比率は（図 4-3）、年々次第に高くなっている。この外国人所有比率は、2010 年で 5.7％であったが直近の 2021 年末で 14.4％まで上昇している。この日本公債の外国人所有比率が 20％に近づくに従って金利の上昇圧力が大きくなる、節がある。

　財政の安定性を計る尺度として、米国の経済学者エブセイ・デイビッド・ドーマー（出典：フリー百科事典『ウィキペディア（Wikipedia）』）の提唱したドーマーの条件が用いられている。

　このドーマーの条件は、「利子率と経済成長率を比較し、利子率が

経済成長率よりも高ければ、財政は不安定化し、国債残高は拡大の一途を辿る」というものである（出典・出所：財務省財務総合政策研究所「フィナンシャル・レビュウ」令和 3 年第 2 号（通巻第 145 号）2021 年 3 月）。

　ノーベル経済学賞を受賞したニューヨーク市立大学大学院センター教授の Paul Krugman（クルークマン）（Paul Robin Krugman 米国の経済学者・2008 年度ノーベル経済学賞受賞、出典：フリー百科事典『ウィキペディア（Wikipedia）』）経済学者は、日本の財政安定化を保てる理由を "「日本銀行が利子率を低く抑え、マイナス金利にも設定できるのであるから、経済成長率よりも利子率を低く維持できるというものだ。」"（尚、活字をそのまま引用）（出典：財務省財務総合政策研究所「フィナンシャル・レビュー」令和 3 年第 2 号（通巻第 145 号）2021 年 3 月、p.13）として、マイナス金利を挙げている。

　そこで、ドーマーの条件、すなわち政策金利及び GDP 成長率について検証したところ、次の様になった。
　直近の 2014 年〜2021 年の日本の経済成長率と GDP を図 7-2 に示す。この図において、2018 年、2019 年及び 2020 年の 3 年渡って、GDP 成長率は極めて低い。

　・2018 年の場合、GDP 成長率 0.10%　日本の政策金利±0.25%である。

従って、GDP 成長率 0.10％＞政策金利（－0.25％）

（※ ここでは、マイナス金利を適用）

・2019 年の場合、GDP 成長率 0.18％ 日本の政策金利±0.25％である。

従って、GDP 成長率 0.18％＞政策金利（－0.25％）

（※ ここでは、マイナス金利を適用）

・2020 年の場合、GDP 成長率－3.91％ 日本の政策金利±0.25％である。

従って、GDP 成長率 －3.91％＜政策金利（－0.25％）

（※ マイナス金利適用した場合でも政策金利高い）

すなわち、ドーマー条件の財政不安定化に陥る。

（しかし、翌年の 2021 年で GDP 成長率は 1.75％まで急成長）

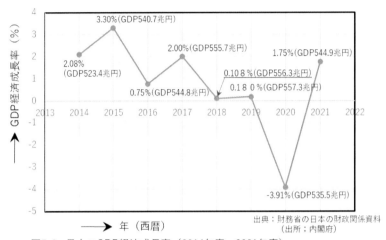

図7-2　日本のGDP経済成長率（2014年度～2021年度）
（※出典の数値データから成長率を算出したグラフ）

　しかしながら、図 7-2 に示すようにコロナ禍の以前の 2019 年及び
2018 年における経済成長率は、それぞれ 0.180％及び 0.108％である
ため、日本銀行の政策金利上限の 0.25％を下回っている。そして、
コロナ禍による減収のため持続化給付金・国民一人当たり 10 万円を
給付した 2020 年、及び翌年の 2021 年における経済成長率は、それ
ぞれマイナス 3.91％及び 1.75％である。直近の 2020 年及び 2021 年
の GDP は、コロナ禍直前 2019 年比で、それぞれ 21.8 兆円及び 12.4
兆円減少している。

　さらに、2020 年度及び 2021 年度の国の借金残高は、それぞれ 1216
兆円及び 1241 兆円に膨らんでいる（図 1-1）。そして、2022 年度（令

和 4 年度）の国の借金残高は、さらに 1411 兆円まで膨らんでいる。

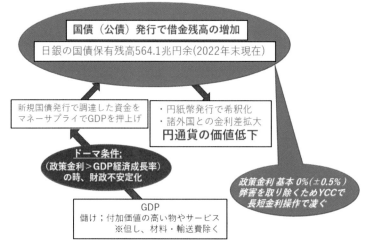

図7-3　ドーマー条件に陥らないために国債（公債）発行で回避する図解

　国の財政（ドーマーの条件：政策金利＞GDP 経済成長率の場合に財政不安定化して破綻へ）不安定化を避けるために、是非もなく経済成長率(GDP)を上げることが余儀なくされている（図 7-3）。

　直近の 2022 年 2 月のウクライナ紛争を期に原油・LNG の価格が上昇した。この価格上昇で日本の貿易収支は大幅に悪化している。さらに、日本の経常収支も大幅に悪化している。

　ガソリン価格を含む国内の物価上昇、及びコロナ禍の中で外出控え・買い控えが生じている。客離れの懸念のため原材料価格上昇分を

商品価格に転嫁できない企業の倒産件数が、多くなっている。2023 年からゼロゼロ融資の返済が開始する。このため、倒産件数はさらに上昇する見込みである。このような状況下においても、ドーマーの条件の財政破綻に抵触しないために経済成長率を上げることは必須である。2022 年 2 月以降、円安による諸物価の値上がり・収入の低下から外国への移住及び出稼ぎ・外国人労働者の母国への帰国が懸念される。

　日本国内の労働生産人口の減少は、GDP の減少を意味する。

　一方、2022 年度の一般会計歳出・歳入は二度にわたる補正予算編成により、歳出総額 139.2 兆円余である。そして、歳出・歳入の差額 62.4 兆円を公債発行等で調達する案が、国会（2022 年 12 月 2 日の臨時国会で承認）で承認された（図 7-2）。

　度重なる公債発行で円通貨の価値は、さらなる希釈の影響で低下する。

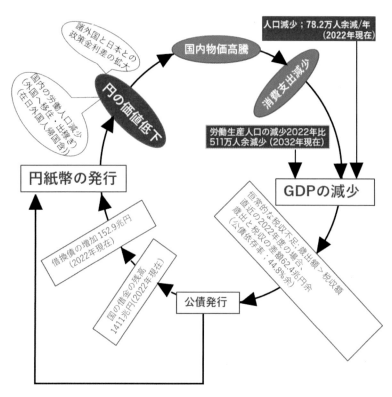

図7-2　　歳出・歳入の差額を公債依存で生ずる循環図

8章　コロナ禍後の世界的な高金利時代へ

　日本の負っている借金（公債）は、2022年（令和4年度）で1411兆円余である。ドーマーの法則から政策金利（10年物国債金利）とGDP経済成長率の関係で、政策金利＞GDP経済成長率の時、財政不安定化して財政破綻する。このため、日本銀行が指値買いオペを無制限に日本国債購入（国債購入によって金利は低下する）を繰り返し行うことで、政策金利（基本は0%±0.5%の幅（2022年12月末現在））低下を余儀なくされている。この政策金利低下による弊害を取り除くためにYCCの基で、長短金利操作が日本銀行によって行われている。

　この解決策は、早急に日本のGDP経済成長率を上げることである。

　しかし一方で、コロナ禍後、諸外国の政策金利は高くなっている。

　例えば、スイス及びデンマークは、政策金利をマイナスからそれぞれ0.50%に及び0.65%に引き上げている（図8-1）。

　図8-1に示すように、39カ国の中で唯一日本だけ、政策金利はマイナスである。これまで、世界中の国々はコロナ禍のため、国債を発行してきた。すなわち、紙幣を大量に発行した。このため、これらの国々の紙幣の価値は希釈効果で低下する。そこで、世界の多くの国々は、通貨の価値を高めるために高金利の政策金利を採っている。

　特に発展途上国においては、先進国から高価な産業機器を輸入するため紙幣の価値を高めることが余儀なくされている。これらの

様々の背景から、世界的に高金利時代に入っている。

　世界の中で政策金利4%以上の国は、ニュージーランド・中国・フィリピン・香港・ベトナム・インドネシア・インド・パキスタン・カタール・トルコ・エジプト・南アフリカ・ナイジェリア・ロシア・ポーランド・アメリカ・ブラジル・アルゼンチン・チリ・コロンビア・ペルー・メキシコの22カ国である（39カ国の中で22カ国である）（図8-1）。

国　名	金　利	実　施　日	国　名	金　利	実　施　日
ニュージーランド	4.25%	2022年11月	エジプト	11.75%	2022年9月
オーストラリア	2.85%	2022年11月	南アフリカ	7.00%	2022年11月
日　本	−0.1%	2016年2月～	ナイジェリア	15.50%	2022年10月
韓　国	3.25%	2022年11月	ロシア	7.50%	2022年9月
台　湾	1.625%	2022年9月	ポーランド	6.75%	2022年9月
中　国（5年物）	4.30%	2022年8月	スウェーデン	2.50%	2022年11月
フィリピン	5.00%	2022年11月	デンマーク	−0.10% ⇒0.65%	2022年9月
香　港	4.25%	2022年11月	ノルウェー	2.50%	2022年11月
ベトナム	4.50%	2022年10月	スイス	−0.25%⇒0.50%	2022年9月
インドネシア	4.75%	2022年10月	イギリス	3.00%	2022年11月
マレーシア	2.75%	2022年11月	欧　州	2.00%	2022年10月
タイ	1.25%	2022年11月	アメリカ	3.75%～4.00%	2022年11月
インド	5.90%	2022年9月	カナダ	3.75%	2022年10月
パキスタン	15.00%	2022年7月	ブラジル	13.75%	2022年9月
アラブ首長国連邦	3.15%	2022年9月	アルゼンチン	75.00%	2022年9月
カタール	4.50%	2022年9月	チ　リ	11.25%	2022年10月
クウェート	3.00%	2022年9月	コロンビア	11.00%	2022年10月
サウジアラビヤ	3.25%～3.75%	2022年9月	ペルー	7.00%	2022年10月
イスラエル	3.25%	2022年11月	メキシコ	10.00%	2022年11月
トルコ	10.50%	2022年10月			

図8-1　各国の政策金利と実施日（出所；各々ニュース、jetro　等）

　これらの国々のGDP経済成長率は、政策金利よりも当然ながら高

い（ドーマーの財政不安定化で財政破綻に抵触しないために、GDP＞政策金利を採る。但し、アルゼンチン除く）。

　これらの国々の GDP 経済成長率は、年 4％とした時 5 年後に 20％余（$1.04^5＝1.216$ 余、21.6％余）に急上昇する。すなわち、日本の通貨価値は上記の国々（39 カ国中の 22 カ国）の通貨に比較して相対的に 20％余下落する、可能性がある。

　尚、上記諸国の中で健全な財政（＝財政不安定化していない）を有し、且つ政策金利5％以上の国は、多数存在する。
　例えば、
　　　・フィリピン（政策金利 5.00％）
　　　・インド(政策金利 5.90％)
　　　・南アフリカ(政策金利 7.00％)
　　　・ロシア(政策金利 7.5％)
　　　・ポーランド(政策金利 6.75％)
　　　・ブラジル(政策金利 13.75％)
　　　・メキシコ(政策金利 10.00％)
等の国々である。

　政策金利から推定した時、ブラジル及びメキシコの 2 年間の GDP 経済成長は、それぞれ 29.4％余及び 21％余の驚異的な伸びになる。

このため、政策金利5%以上の特筆する7カ国の各通貨で比較した場合、今後の円通貨価値の相対的な下落は否めない。

　今後、発展著しい発展途上国の国々へ出稼ぎ労働者として渡航する多くの日本人を高い頻度で見かける日は、案外近いのかもしれない。

著者略歴

赤池　正剛（あかいけ・まさたけ）

1980 年　東京大学工学系大学院精密機械工学専攻博士課程修了
　　　　　工学博士　学位授与

1982 年　東京大学工学部精密機械工学科助手

1982 年　マックスプランク研究所の招待研究を受け、国家公務員
　　　　　（東京大学工学部）を休職、渡独しマックスプランク研究
　　　　　所（在 Stuttgart）で招待研究に従事、研究成果を下記論
　　　　　文で発表

　　　M. AKAIKE, H. HUNAKUBO, G. PETZOW, M. RÜHLE

　　　Precision Machinery Medical Engineering and

　　　Mechoptoelectronics. ,Vol. 1, No. 3（1985）

1983 年　キャノン(株)中央研究所勤務　圧電体を用いたインクジ
　　　　　ェット・マスクレス用電子線偏向器の各接合部の基礎的
　　　　　研究

2005 年　東京大学先端科学技術研究センター、リサーチフェロー
　　　　　「新規 Pt 触媒ギ酸装置で Cu 酸化膜から超微粒子を生成」
　　　　　の新規機器装置開発・基礎研究・特許出願・必修科目の学
　　　　　生実験の担当・大学院生の実験の指導等

2020 年 IMSI(Institute for Advanced Micro- System Integration)

研究員（勤務地　明星大学）、応用研究に従事

学会発表論文 24 編（学会誌掲載、口頭発表・連名含）

紙出版書籍「直接接合の基礎とその応用」（東京図書出版）p.280

直接接合情報サイト(https://directbond.net)の運営

特許関係　国内特許(JP)　出願件数 144 件（連名含）

　　　　　　　　　　　　特許登録件数 32 件（連名含）

　外国特許　米国特許（USP）件数 20 件

　　　　　　ヨーロッパ特許（EP）件数 14 件

日本経済に未来はあるか

為替、GDP、国債、数字データから日本の縮図を見る

2023年8月31日発行	著　者	**赤池正剛**
	発行者	**向田翔一**

発行所　　株式会社 22 世紀アート
　　　　　〒103-0007
　　　　　東京都中央区日本橋浜町 3-23-1-5F
　　　　　電話　03-5941-9774
　　　　　Email: info@22art.net　ホームページ：www.22art.net

発売元　　株式会社日興企画
　　　　　〒104-0032
　　　　　東京都中央区八丁堀 4-11-10 第 2SS ビル 6F
　　　　　電話　03-6262-8127
　　　　　Email: support@nikko-kikaku.com
　　　　　ホームページ：https://nikko-kikaku.com/

印刷
製本　　　株式会社 PUBFUN

ISBN：978-4-88877-252-5